글 하늘땅

그림책을 기획하고 만드는 일을 하고 있습니다.
그동안 만든 책으로는 〈자연이랑〉, 〈심쿵〉, 〈우리아람이〉,
〈과학특공대〉, 〈지식특공대〉 등이 있습니다.
하늘땅은 아이들에게 평생 기억될 수 있는 그림책을 만들기 위해 노력하고 있습니다.

그림 곽성화

1976년 경남 통영에서 태어났고, 대학교에서 시각디자인을 공부했습니다.
기발한 상상력이 돋보이는 그림으로 2004년 제1회 한국안데르센그림자상 출판미술 부문에서
최우수상을, 2005년 제14회 국제노마콩쿠르에서 그림책 일러스트레이션상을 받았습니다.
그린 책으로는 〈재주 많은 삼 형제〉, 〈한글, 우리말을 담는 그릇〉, 〈아무한테도 말하지 마세요〉 등이 있습니다.

감수 신항균

성균관대학교 대학원 수학과를 졸업했습니다.
공군사관학교와 우석대학교 교수를 역임했고,
미국 애리조나 주립대학교 수학과 교환교수로도 활동한 바 있습니다.
지금은 서울교육대학교 수학교육과 교수로 재직 중이며,
동 대학교 초등수학교육연구소장으로 있습니다.
또한 서울교육대학교 영재교육원 운영위원으로도 활동하고 있습니다.
초등학교와 중학교, 고등학교에 이르기까지 수학교과서 집필책임교수로 활동했고,
저서로는 〈수학사와 수학이야기〉, 〈클릭 수학나라〉, 〈영재들의 1등급 수학교실 시리즈〉가 있습니다.

1단계 가르기 모으기 06

맛있는 크로켓, 누가 먹지?

글 **하늘땅** 그림 **곽성화** 감수 **신항균**
펴낸곳 **(주)아람키즈** | 펴낸이 **이소영** | 주소 **서울특별시 성동구 성수이로 147 아이에스비즈타워 2F**
고객센터 **1644-4521** | 팩스 **02-468-5548** | 홈페이지 **www.aramkids.co.kr** | 출판등록 **제2020-000011호**
기획 편집 디자인 **(주)아람키즈 하늘땅**
ISBN **979-11-6543-547-9 979-11-6543-509-7(세트)**

맛있는 크로켓, 누가 먹지?

글 하늘땅 · 그림 곽성화 · 감수 신항균

아람키즈

“뭐 맛있는 것 없나?”
호그는 부엌 쪽을 ***물끄러미** 쳐다보았어.
일어나기도 귀찮았거든.

"에이, 별것 없잖아."
호그는 입맛만 쩝쩝.
"킁킁, 그런데 이게 무슨 냄새지?"

프라이팬 뚜껑을 열자,
크로켓이 **5개**!
호그의 눈이 번쩍,
졸리의 콧구멍도 벌름.

"잠깐! 오빠가 나누어 담을게."

어느새 호그는 *접시를 들고 있었어.

"오빠는 손도 안 씻었잖아!"
졸리는 크로켓 5개를 얼른 접시에 담았지.

“응! 그래, 좋아.
나는 오빠니까 **4개**, 너는 동생이니까 **1개**!”

"그건 말도 안 돼! 다시 나눠."

"어제 네가 *어질러 놓은 장난감을
내가 다 정리했으니까 나는 3개, 너는 2개!"

"췟! 날마다 강아지 밥 주는 건 나잖아!
그러니까 내가 **3개**, 오빠는 **2개**!"

"그런 게 어디 있어!"

호그는 크로켓 5개를 **다시 모았어**.

딩동, 딩동.
"누가 왔나 봐. 오빠가 나가 봐."
"싫어, 너 혼자 다 먹으려고? 네가 나가!"
"나도 싫어."
"칫, 그럼 같이 가!"

호그는 성큼성큼,
졸리는 살금살금,
강아지 버니는 꼬리를 살랑살랑.

호그가 장난감 뱀을 찌익 밟자,
접시가 흔들흔들.
아차차, 맛있는 크로켓이
버니 입 속으로 쏙! 쏙! 쏙!

호그의 눈이 번쩍,
졸리의 콧구멍도 벌름.
맛있는 크로켓이
버니 배 속에 **3개**, 남은 건 **2개**.

엄마가 보기

가르기와 모으기란 무엇일까요?

수를 가르는 방법에는 여러 가지가 있습니다. 예를 들어 5개의 구슬을 두 명이 나누어 가질 때, '1개와 4개', '2개와 3개', '3개와 2개' 등 여러 방법으로 나눌 수가 있습니다. 나눈 다음 다시 모아 또 다른 방법으로 나누어 볼 수도 있습니다. 이렇듯 **여러 가지 방법으로 나누었다가 다시 합하는 것**을 **'가르기와 모으기'**라고 합니다.

가르기와 모으기는 더하기와 빼기의 기초이면서, 수 감각을 길러 주는 개념입니다. 또한 부분과 전체를 이해하는 단계이기도 합니다. 과자나 생활 소품을 놓고 동생과 나누어 갖는 놀이를 통해 가르기와 모으기를 익힐 수 있도록 지도해 주세요. 어떤 수를 나누는 다양한 방법을 생각하다 보면, 더하기와 빼기도 잘하는 우리 아이들이 될 것입니다.

호그와 졸리가 크로켓을 나누어 먹으려고 해요

욕심 많은 호그와 졸리는 크로켓 5개를 가지고 어떻게 가르기를 했나요?
숫자에 알맞게 크로켓을 그려 보아요.

호그가 4개 .... 졸리가 1개

호그가 3개 .... 졸리가 2개

호그가 2개 .... 졸리가 3개

아이와 함께 하기

가르기와 모으기 놀이를 해요

구슬 5개를 준비해 다양한 방법으로 가르기를 해요.
오빠와 동생이 어떻게 가르기를 했는지 숫자에 알맞게 구슬을 그려 보아요.

오빠가 2개 — 동생이 3개

오빠가 3개 — 동생이 2개

오빠가 4개 — 동생이 1개

고리 5개를 던져 보아요. 기둥에 걸린 고리와 바닥에 떨어진 고리로 나누어지지요. 전체 5개 중에서 몇 개의 고리를 기둥에 끼웠나요? 바닥에 떨어진 고리는 몇 개인가요?

그러고 나서 고리 5개를 모두 모아 보아요.